Vers le triomphe du Pacifisme

par

GASTON DE ROY,

MEMBRE DE L'ALLIANCE FRATERNELLE INTERNATIONALE, ETC.

PRIX : 25 CENTIMES

AU PROFIT DES VICTIMES DU TREMBLEMENT DE TERRE

Chez l'Auteur

VILLA IRÈNE, RUE SOYER

à TOURNAI (Belgique)

TOURNAI. IMPRIMERIE RIMBAUT-TRICOT, RUE DE COLOGNE, 12.

HOMMAGE DE CONFRATERNITÉ DE SENTIMENTS PACIFIQUES

Mesdames :

Madeleine CARLIER, Fondatrice de la Société de l'Education Pacifique, à Croisilles (Pas-de-Calais).

Randi BLEHR, Présidente de l'Alliance Universelle des Femmes pour la Paix, à Kristiania.

Marie POPELIN, Docteur en droit, à Bruxelles.

Victor ROCHET Fitzroi ROBARTS, à Tournai.

Messieurs :

Paul ALLÉGRET, Pasteur de l'Eglise Réformée, au Havre.

Sir Thomas BARCLAY, Fondateur de l'Alliance Fraternelle Internationale, à Paris.

Jean BERNARD, de « l'Indépendance Belge » Bureau Parisien.

Fernand COCQ, Avocat, Député suppl., à Ixelles-Bruxelles.

Henri CASEVITZ, Ingénieur, Administrateur du journal « l'Humanité » à Paris.

Andréa GUARNERI, Sénatore del Regno, à Rome.

Henri HUCHET, Rédacteur au journal « l'Universel » organe du Mouvement Pacifique Chrétien, au Havre.

Mr Knut SANDSTEDT, Kommunal officer, Président de la Société de la Paix, à Stockholm.

Colonel N. SCHINAS, à Athènes.

Ed. SPALIKOWSKY, Homme de Lettres, Secrétaire de la Délégation permanente des Sociétés françaises de la Paix.

VERS LE TRIOMPHE DU PACIFISME

Si la bonne foi et la justice étaient exilées de la terre, elles devraient se trouver dans le cœur des chefs d'État et des Souverains.

Sommaire. — Ce qu'écrivent les fanatiques de la guerre. — Paroles de Victor Hugo contre la guerre. — La cécité volontaire. — Monsieur Brunetière. — La presse guerrière. — Discours du ministre belge de Trooz au banquet du congrès de la presse à Bruxelles. — Triomphe du Pacifisme. — Le Président Roosevelt pacifiste et pacificateur. — Le Kaiser pacifique. — Son cablogramme à Roosevelt. — La réponse du Président. — La guerre peut toujours être évitée : ce n'est pas une « loi du monde ». — Ordre du jour du congrès des mineurs à Liège en faveur de l'arbitrage. — Succès du pacifisme. — Les Allemands ne veulent pas la guerre. — Encore M. Brunetière. — Guillaume II pacifique mais original. — Il cherche un rapprochement avec la France. — Le journalisme de haine, chauvin, patriotard. — La Patrie. — Comment on doit la servir. — Soyons pacifistes MM. les journalistes. — Ne craignez pas le Kaiser : il est pacifique. — Preuves. — France et Allemagne rapprochez-vous. — Que Guillaume II fasse la Fédération Européenne. — Hommage à la France. — Danger pour les Souverains d'avoir des conseillers belliqueux. — Bel exemple de pacifisme d'Oscar de Suède. — Paroles touchantes.— La vraie gloire vient du pacifisme.— France glorieuse par le pacifisme. — La Presse coupable. — Emeutes de Tokio. — La bonne Presse. — Article du « Matin » d'Anvers. — Les peuples ne doivent se témoigner de la défiance. — Qu'ils s'unissent contre l'ennemi commun : La Misère. — Le Kaiser économiste à Tanger. — Les droits de la France sur le Maroc. — Le pacifisme n'est pas une chimère. — Il triomphe à Tanger. — Toujours M. Brunetière. — Réponses à ses questions. — Le « péril jaune ». — L'Alsace-Lorraine. — Nos solutions pacifiques par la Fédération et la Chambre fédérale internationale. — Le pacifisme s'il ne triomple déjà, triomphera malgré M. Brunetière.

Ne déplaise ce titre aux fanatiques de la guerre. — Nous dénommons ainsi les esprits faux qui écrivent que la guerre est *nécessaire*, *juste*, et indispensable au développement moral des peuples. Voici à propos de la guerre qui vient de finir : « Devant ces arrêts implacables du destin (?) qui déchaînent les guerres nécessaires et justes (!) laissons les orateurs innocents des congrès de la paix invoquer pour rendre la guerre impossible un tribunal suprême, universel. A quand un congrès pour conjurer la foudre et ses ravages ?

Le peuple russe se félicitera un jour de la guerre de Mandchourie. Il sentira qu'elle fut indispensable à son développement moral, qu'elle retrempa sa race inquiète, donna l'empire aux plus dignes, communiqua la vie et la flamme (L'auteur a voulu parler de Bakou, sans doute !)

Nous opposons à cette *phraséologie insensée* ces paroles justes et réfléchies du grand Hugo : « La paix est la vertu de la civilisation, la guerre en est le crime... »

La guerre est mise en accusation ; la civilisation sur la plainte du genre humain, instruit le procès et dresse le grand dossier des conquérants. Les peuples en viennent à comprendre que l'agrandissement d'un forfait ne saurait en être la diminution ; et que si tuer est un crime, tuer beaucoup n'en peut pas être la circonstance atténuante. »

Ces lignes furent écrites en 1848. Et si déjà à cette époque elles reflétaient les sentiments de l'opinion démocratique, qui pourrait affirmer qu'elles ne les reflètent davantage aujourd'hui. Aucun esprit juste ; aucun homme de bonne foi, hormis ceux qui sont atteints de « la cécité volontaire ».

« La cécité volontaire », écrit l'illustre Frédéric Passy, c'est le seul nom, en vérité, qui convienne à cet étrange état d'esprit dans lequel paraissent se complaire les admirateurs impénitents de la violence acharnée, en dépit de l'évidence des faits, à nier la lumière qui grandit et à célébrer l'obscurité qui s'en va.

Les arbitrages ont beau se multiplier, les traités qui font du recours aux procédés amiables une obligation légale devenir la règle déjà presque universelle, et des incidents qui naguère auraient fait partir les canons tout seuls se résoudre d'un commun accord à la satisfaction commune, la guerre, pour ces amants attardés de la barbarie et de la haine, reste l'idole devant laquelle le monde doit s'agenouiller, et tout appel à la raison, à la justice, à l'intérêt bien entendu n'est que dérision et sottise.

Ils vont même, dans leur parti pris de ne rien voir et de ne rien comprendre, jusqu'à nier les faits les plus éclatants, ou à tirer des déclarations les plus significatives des conclusions absolument contraires à l'évidence.

« Grandeur et décadence de l'arbitrage », dit, pour n'en citer qu'un exemple, l'un des rédacteurs du journal *L'Eclair*. Grandeur, c'est-à-dire illusion passagère, entretenue par quelques fausses apparences; mensonge convenu de gouvernements et de diplomates s'entendant pour tromper le public en ayant l'air de renoncer d'un commun accord à leurs vieilles traditions. En réalité, persistance, sous des noms nouveaux et de nouvelles formes, de la politique traditionnelle de jalousie, d'antagonisme et de duplicité. Il n'y a pas, ridicules fanatiques de l'arbitrage, jusqu'à cette solution récente de l'incident de Hull, que vous célébrez avec tant d'enthousiasme, qui ne soit pour vous une défaite et la preuve de la décadence irrémédiable de votre inepte procédure. »

Ainsi parlait, le 1er mars, le journal que nous venons de citer. Et tout cela pourquoi ? Parce que les journaux anglais, un certain nombre au moins, sur le vu d'une communication prématurée et inexacte du rapport de la commission d'enquête, sur une fausse nouvelle, pour employer les termes dont s'est servi l'*Indépendance Belge*, s'étaient montrés désappointés et plus ou moins mécontents. Et l'article qui prenait si triomphalement acte de ce désappointement de la presse anglaise n'avait pas encore paru que déjà, après avoir lu le véritable texte du rapport, les organes les plus importants de la presse britannique non seulement se félicitaient hautement de l'heureuse terminaison donnée à un incident si délicat et si redoutable, mais déclaraient (la déclaration mérite d'être enregistrée) que cette affaire « avait fait faire à la cause de l'arbitrage un pas considérable ». (Allons, M. Brunetière, continuez à écrire que le pacifisme est un « mensonge » !)

Un pas considérable après beaucoup d'autres, et avant d'autres qui suivront. Bien des choses tristes peuvent survenir encore : bien des événements douloureux peuvent affiger les amis de la justice et de la paix. Mais les retours mêmes de l'esprit de violence, en provoquant le soulèvement de l'opinion publique, en prenant de plus en plus le caractère de défi à la conscience universelle, ne font qu'affirmer de jour en jour la puissance croissante de la condamnation prononcée par la raison humaine contre la sottise et l'horreur des solutions sanglantes. Et il faut véritablement tenir à nier l'évidence pour persister à méconnaître le changement qu'une direction nouvelle a commencé à imprimer à la politique générale.

Mais il y a des gens (les faits douloureux dont l'écho nous arrive du Congo ne le prouvent que trop) qui ont le culte du mal, comme il y a des yeux qui ne peuvent souffrir la lumière. Le progrès a beau se faire autour d'eux et malgré eux (N'est-ce pas M. Brunetière?) Ils se font gloire de lui tourner le dos.(Comme l'auteur de la Banqueroute de la Science !) C'est en pensant à eux que le poète a dit : « Satan, c'est celui qui nie ».

Nos lecteurs ont remarqué que *nous* avons intercalé quelques parenthèses à l'adresse de M. Brunetière, auteur d'un article violent contre le pacifisme. (Le Mensonge du Pacifisme).

Si l'auteur de « la Banqueroute de la Science » a cru triompher un instant, ce triomphe (?!) n'a pas été de longue durée : MM Passy, d'Estournelles de Constant, Charles Richet, Louis Havet, Sir Thomas Barclay et J. Nowicow, lui ont répondu de bonne encre, surtout, avec une logique impeccable.

Quant à nous, nous n'avons pas le talent de ces éminentes personnalités pour retourner à notre académicien, comme il le mérite, les qualificatifs peu aimables qu'il décoche, sans mesure, comme sans logique, à l'adresse de la plus sainte et de la plus noble des doctrines. M. Brunetière se dit « conservateur » : comme tel il est dans son rôle en rejetant le pacifisme avec la même désinvolture que les païens mirent à condamner le Christianisme, dont ils ne comprenaient pas la grandeur.

Ce n'est pas la première fois du reste que l'on constate que de bons esprits ne s'assimilent pas la portée utile ou pratique des idées les plus saines : M. Thiers, dit-on, se refusa à croire à l'utilité comme à la possibilité pratique des chemins de fer ; Napoléon Ier ne croyait pas à la possibilité, pour la vapeur, de détrôner le vent dans la navigation. Eh ! mon Dieu ! s'il en est ainsi, M. Brunetière a bien le droit, comme conservateur des vieilles lunes de l'ancien régime, de considérer la guerre comme le soleil bienfaisant nécessaire à l'expansion ou à la vie des peuples !...

Monsieur le Directeur de la Revue des Deux Mondes n'étant pas pacifiste a également le droit d'en parler comme il le fait, avec déraison et contradiction. Le paradoxe est son élément : après avoir rompu toutes ses lances contre le pacifisme « menteur », après avoir dit que les pacifistes étaient les ennemis de la Patrie, des cosmopolites, des criminels, et que sais-je encore ? cet inconcevable mais talentueux défenseur de la guerre les engage, malgré cette « chimère » qu'est à ses yeux le pacifisme, à se libérer de cette « loi du Monde ». Voici : « De ce que les lois du monde nous sont imposées par la nature ou par Dieu (?!) personne n'a jamais conclu que nous dussions aveuglément nous y soumettre et n'opposer à leur impassibilité l'inertie du découragement. Que l'on travaille donc à diminuer les causes de division parmi les hommes et que l'on s'efforce, autant qu'on le pourra, de résoudre pacifiquement les conflits qui jadis ne se dénouaient que dans le sang, il n'y a pas besoin, pour cela, de se dire pacifiste ni se donner des allures d'un bienfaiteur de l'humanité! »

Non, monsieur, le nom ne fait rien à la chose : comme académicien, il vous sera facile d'en trouver un autre, par exemple : les « bellicosistes » pour les « conservateurs » de la guerre, et les « anti-bellicosistes » pour ceux qui réprouvent les massacres humains et lui préfèrent les tribunaux internationaux ou l'arbitrage. M. Brunetière n'est pas seul « bellicosiste » ; il en existe malheureusement parmi certains journalistes.

On peut admettre, à la rigueur, qu'un académicien «conservateur» défende une thèse paradoxale, mais de la part d'un journaliste dont la mission est un sacerdoce, cela n'est plus guère admissible. La presse forme l'opinion publique par la diffusion de la pensée et des lumières. Elle a pour devoir de répandre la vérité, d'être bienfaisante et moralisatrice, de défendre les causes justes, les faibles contre les forts, le droit contre la force brutale et aveugle des armes en condamnant la guerre. C'est à elle qu'incombe la noble et sainte mission de préparer la voie qui conduit aux réformes humanitaires. Elle est devenue l'expression suprême de l'opinion démocratique ; l'arbitre des destinées des peuples.

Sa puissance est telle, actuellement, qu'il ne lui faudrait pas quarante-huit heures, si elle était entre les mains de bandits, pour provoquer une conflagration européenne ! Quelle responsabilité mon Dieu !

Le ministre Belge, M. de Trooz, dans un discours prononcé au banquet du Xe Congrès de la presse a tracé, en quelques éloquentes paroles, sa redoutable mission. Voici : « La presse parce qu'elle est une puissance a des devoirs et des responsabilités ; elle doit être un *sacerdoce* ; elle doit apporter, dans sa redoutable mission, d'autant plus de circonspection, qu'elle est plus libre

» J'ai aujourd'hui l'honneur apprécié de m'adresser à des représentants autorisés de la presse mondiale. Ils me permettront de faire des vœux ardents et sincères pour que, grâce à leur *action bienfaisante les idées de concorde et de fraternité s'implantent de plus en plus parmi les nations.*

» Certes les peuples ont des intérêts vitaux qu'ils ont pour devoir de sauvegarder ; *mais un grand effort vers l'arbitrage se manifeste heureusement à travers le monde ; que la presse le popularise de plus en plus, qu'elle mette en œuvre sa force pour faire aimer la Paix*, qu'elle rapproche les nations, qu'elle fasse que tout en défendant leurs idées, les hommes s'estiment entre eux et elle aura rendu à l'humanité de précieux services. »

Voilà un très noble langage ! Puisse-t-il avoir l'écho qu'il mérite dans le monde de la presse mondiale et... chez les académiciens... conservateurs.

Mais n'y songeons pas, car il n'y a de pires sourds que ceux qui ne veulent rien entendre.

Peu importe ! le pacifisme triomphe glorieusement, en 1905 ! La paix vient d'être conclue entre la Russie et le Japon grâce aux efforts persévérants, à la ténacité anglo-saxonne, au caractère décidé et à la franchise qui caractérise le grand pacifiste et pacificateur Roosevelt. La conférence de Portsmouth (Amérique) est un succès éclatant pour le pacifisme, non-seulement au point de vue du résultat, mais aussi parce qu'elle a prouvé que tous les Souverains et

Chefs d'Etat sont animés de sentiments pacifiques de bon augure pour l'avenir. Ceci n'est ni un sophisme ni un paradoxe à la Brunetière, c'est la vérité dans toute sa clarté. Il faudrait avoir vraiment le cerveau troublé par la peur du Kaiser pour prétendre le contraire.

En effet, Guillaume II,— nous le prenons de préférence parce que l'on sait que, dans ces derniers temps, les partisans de la guerre l'on dépeint comme un prince belliqueux — lorsqu'il a connu le résultat de Portsmouth a spontanément cablé au glorieux pacificateur ce qui suit : « Un cablogramme d'Amérique,qui me parvient à l'instant m'annonce l'accord de la *Conférence* sur les préliminaires de la paix. J'en suis *rempli de joie* et je vous en exprime mes plus sincères félicitations. Ce grand succès est dû à vos efforts inlassables. *Toute l'humanité doit s'unir*, et *elle s'unira* pour vous remercier du grand bien que vous lui avez conféré. »

Le désormais glorieux pacifiste et pacificateur Américain (vous entendez Monsieur Brunetière?) a répondu : « Je vous remercie cordialement de vos félicitations et je veux saisir l'occasion de vous dire *combien j'apprécie la façon dont vous avez secondé constamment mes efforts pour amener la paix en Orient*. J'ai éprouvé un très grand plaisir de *travailler avec vous* dans ce but. »

Hé! MM. les bellicosistes, qu'en dites-vous? N'ayez donc plus peur du Kaiser « pacifiste » qui a si bien aidé le « pacificiste » Roosevelt dans sa délicate mission. Comprenez-vous le voyage de Bjoerkoe, maintenant?...

De grâce ne dites plus, car c'est grave, c'est imprudent, c'est dangereux, que les guerres sont des « lois du monde » inévitables; c'est essayé, et c'est criminel, de persuader aux foules et aux peuples qu'ils ne peuvent les éviter. La guerre est l'œuvre infâme et personnelle de *certains hommes;* qu'on les écarte des gouvernements : les guerres seront facilement évitées.

La guerre la plus heureuse, si on peut s'exprimer ainsi, est toujours une calamité publique. Jetez un regard à travers l'histoire vous en serez convaincu : La roche Tarpéinne est près du Capitole. Malheureusement les Souverains sont souvent poussés à faire la guerre par leur entourage. Qu'ils se gardent avec soin de ces hommes dont la mentalité est faite de férocité, du désir de s'accaparer par la force du bien d'autrui, contrairement à la morale et aux préceptes du Christ. Qu'ils usent de leur énergie pour les éloigner impitoyablement des conseils de la couronne : Gouverner, c'est prévoir !

Les peuples par eux-mêmes n'ont ni le pouvoir ni la volonté de faire la guerre ; ils se laissent conduire à la boucherie sans savoir pourquoi ils y vont. Et c'est si vrai que si l'on s'avise à demander à un ancien combattant le motif *politique* de la guerre,dans laquelle il a joué le rôle d'outil, il vous répondra presque toujours à côté de la question : il sait qu'il s'est battu, mais le motif pour lequel il l'ignore... Il ne faut même pas aller si loin : dans une simple manœuvre le soldat est incapable de vous donner le thème de celle-ci. Il faut en conclure que le peuple, le prolétaire, n'a que faire de la guerre dont il ne comprend pas la raison ou le motif. Et Vous Puissant Empereur d'Allemagne, Vous le savez mieux que tout autre : Votre peuple industrieux, commerçant et travailleur ne demande qu'à *vivre en paix* et en ami de la France.

Au récent Congrès des mineurs tenu, le 10 Août, à Liège, un *délégué Allemand* a déclaré que *si le gouvernement germanique voulait la guerre le peuple Allemand*, lui, voulait la paix: les congressistes ont pris l'engagement de faire de la propagande pour refréner le militarisme et peser sur les gouvernements. Ils ont voté un ordre du jour disant que les différends entre nations, (voilez-vous la face devant cette utopie M. Brunetière), doivent être réglés par *l'arbitrage*. Cet ordre du jour a été acclamé.

Ah ! mes pauvres « bellicosistes » quelle tuile on vous lance-là ! Il semblerait, qu'en croyez-vous? que le pacifisme pourrait bien triompher un peu... partout. . dans le présent et, définitivement, dans l'avenir...

Et quant à Guillaume II, qui vous a fait si peur à Tanger, malgré ses allures militaires de brise-tout, ces symptômes pacifiques ne peuvent que le réjouir, puisque la fin de la guerre russo-japonaise *l'a mis en joie*.

Le Kaiser est un original sans être un conquérant. Grâce à Dieu rien n'autorise à le prendre pour un massacreur d'hommes, par vocation, comme l'était Napoléon Ier. Et si son équipée marocaine a déconcerté quelque peu les chancelleries, *on sait à présent* qu'il ne nourrissait aucune arrière-pensée à l'égard de la France. Il est à remarquer, à ce propos, que la presse « bellicosiste » qui criait déjà par peur de la guerre, « Vive l'armée! » a bien peu de sang-froid! Si elle avait eu le bon esprit de se rappeler l'accueil cordial, plein de bonhomie, que le Kaiser fit à la mission française, lors du mariage du Kronprinz, elle ne se serait pas affolée de la sorte On se rappelle que l'Empereur en s'élançant au galop sur le front des troupes en manœuvres s'écria d'un ton très-sympathique au général de La Croix qui le suivait : « Comment va général de La Croix. » On sait aussi qu'il fit plus d'honneur à la mission française qu'à n'importe laquelle, à tel point que les journaux, — ceux qui savent conserver la note juste, qui ont une saine appréciation des choses internationales, bien calme, bien réfléchie et impartiale, comme le *Petit Parisien* —, se sont fait un devoir de le faire remarquer à leurs lecteurs.

Nous le répétons, à bon escient, le Kaiser n'a aucune velléité de guerroyer contre la France : il s'efforce au contraire de s'en rapprocher, tout en cherchant à maintenir pacifiquement les portes ouvertes, pour son industrie en mal de surproduction.

Ce qui déroute ce sont ses allures brusques, un peu théâtrales; néanmoins, il ne peut être soupçonné de manquer de sincérité ou de loyauté dans sa manière de dire ou d'agir.

Et pour ceux qui possèdent l'esprit d'observation, il n'est pas difficile de s'apercevoir que le Kaiser souhaite de tout son cœur un rapprochement avec la France ; ceci devient même évident lorsque le 17 mars 1905, il manifeste sans façon, en ami, à Monsieur Bihourd, ambassadeur de France à Berlin, le désir de dîner à l'ambassade française. Ce désir fut réalisé. Les bien-informés prétendent que le Kaiser ne fut jamais d'aussi belle humeur, ni aussi aimable. Après le repas la causerie impériale fut longue et enjouée, elle devint un peu triste, cependant, lorsqu'il apprit qu'il existait encore en France une presse intransigeante et chauvine qui voyait d'un mauvais œil la fraternisation immédiate Il y a malheureusement dans *tous les pays* des bellicosistes-patriotards qui, véritables pêcheurs en eau trouble, ne se complaisent que dans la haine et les complications intérieures ou extérieures; nous le déplorons !

On se demande à quelle mentalité peuvent bien obéir ces gens, pour se plaire ainsi dans le culte du mal et de la haine à outrance. S'ils se trouvent dans les colonies ils se livrent aux atrocités; s'ils sont, par aventure journalistes, ils répandent de fausses nouvelles pour envenimer les situations; leurs organes reptiliens grossissent à plaisir les évènements politiques, qui se dénoueraient sans eux d'une manière simple et amicale; enfin, ils ne sont heureux que lorsqu'ils ont brouillé les cartes et provoqué des massacres entre hommes !

Ces écrivains sont ceux qui, selon le mot de Balzac, faussent l'histoire au moment où elle se fait, dans un but qui échappe aux investigations de la raison. La presse japonaise chauvine, vient de nous en offrir un triste exemple : au moment où la paix venait de se conclure elle prêchait la continuation de la guerre en dépit de toute humanité et de toute loyauté.

Le *Thoruzo Shimpo* osa écrire : « Si cette intervention (celle de la nation) ne se produit pas nos frères tués sur le champ de bataille auront eu une mort peu glorieuse. »

Concevez-vous cette mentalité par laquelle d'un trait de plume le journaliste, qui a écrit ces lignes, amoindrit la gloire du petit Japonais prolétaire qui a servi sa Patrie, qui repose de son sommeil éternel, loin des siens en pleurs, inhumé en terre étrangère, avec un peu de chaux pour linceul !

Ainsi il est prouvé que la gloire du champ de bataille ne se mesure qu'aux avantages matériels, dont profiteront ceux qui font casser les *os des autres* à leurs profits, à leur vénalité, à leur orgueil, à leur ambition ! Oh! comme c'est beau, n'est-ce pas, la gloire militaire et le patriotisme ainsi compris !... Non, messieurs les journalistes de la presse à la *Thoruzo Shimpo*,c'est horrible, pour ne pas dire plus. Heureusement pour les prolétaires, victimes innocentes des appétits insatiables,le pacifisme veille: il vient de triompher en la personne trois fois glorieuse de Teddy Roosevelt.

Enfin l'évolution sociale et humanitaire marche calme et majestueuse, vers le bien, vers le beau et le juste !

La Paix s'est montrée,serrant sur son cœur d'une main la balance du Droit et le glaive de la Justice entrelacés, de l'autre elle brandit, aux yeux des prolétaires en joie, la branche d'olivier dont elle fustige la face bestiale et cupide de la guerre infâme! Les paroles de l'Evangile sont en train de s'accomplir: « Que la paix règne sur la terre », et encore : « Heureux les Pacifiques, car ils seront appelés enfants de Dieu » et encore : «Ce sont les Pacifiques qui posséderont la terre.»

La terre ! oui, cette terre c'est la Patrie, grande dans le calme de la Paix et du travail fécond: c'est ce coin où l'on est né à la vie, où l'on a lutté pour le bien, le noble et le juste, où l'on a *aimé* et *beaucoup souffert !*

Les peuples conscients ne veulent plus que ce sol chéri où les cœurs battent à l'unisson,pour les idées grandes et généreuses puisse encore devenir un champ de carnage pour les générations nouvelles. Non ! ce sol sacré de la Patrie sera dorénavant par la volonté formelle des peuples, le dépôt de la Paix inviolable, des souvenirs, des libertés conquises,et du bonheur acquis par de longs et pénibles labeurs!

Honorer la Patrie c'est la défendre des approches de la guerre, qui l'endeuille et la ruine, c'est prêcher la fraternité et la Paix; ce n'est pas s'en servir pour arriver à y établir par l'émeute ou par la guerre civile le pouvoir intéressé que l'on rêve:ce n'est pas non plus la pousser à la guerre dans un but de conquête qui tourne souvent, presque toujours, contre elle; ce n'est pas tout ça qui s'appelle l'amour honnête, désintéressé, de la Patrie. Si l'on aime son pays, on le servira utilement en étant pacifiste, parce qu'un pays ne peut être grand et prospère que dans la paix qui favorise le développement des sciences, de l'instruction, du commerce, de l'industrie, des arts et des libertés publiques.

Soyons tous pacifistes,si nous aimons ce qui est beau, noble et bon! soyons bons surtout, et disons avec le père Gibus : « Si vous voulez que le monde soit bon, faites lui accroire qu'il est bon » Que notre devise soit : *Fraternitas inter gentes*. Voyons dans tous les hommes nos frères, aimons-les, *sans les craindre*. Et vous MM. de la presse guerrière, ne vous alarmez plus au seul nom du Kaiser : ce Souverain est pacifique ! C'est bien vrai, et devons-nous encore présenter des preuves ? Si oui, en voici : le 30 Janvier 1905, au cours d'un banquet organisé à l'occasion de son anniversaire,par les officiers de la garnison de Munich,le prince Louis de Bavière,héritier présomptif du trône, a porté à Guillaume II un toast où il a déclaré que le peuple Allemand *devait savoir gré* à son Souverain *d'avoir su maintenir la paix*, au cours de l'année dernière. » On se souvient, qu'à cette époque, une presse inqualifiable s'était employée à brouiller irrémédiablement l'Allemagne et l'Angleterre. Grâce au Kaiser *pacifique*, elle en a été pour ses frais.

Dernièrement encore une certaine presse, obéissant à nous ne savons quel mobile coupable, faisait entendre que le Kaiser, — lors de sa ballade à Tanger — cherchait la guerre à la France. Cette fois encore l'empereur déjoua cette abominable manœuvre en affirmant à la face du monde ses sentiments pacifiques, dans un toast prononcé le 7 avril, — quelques jours après Tanger — au dîner de trente couverts qui lui fut offert par le roi d'Italie, à Naples. Voici les paroles impériales : « La triple alliance est le gage *sûr et solide de la paix*, et, sous sa protection, nos peuples alliés s'acheminent vers un avenir de constant progrès (c'est-à dire pacifique) ».

Le Roi d'Itatie, aussi pacifique que le Kaiser, a répondu :«... ainsi se perpétuent et se resserrent davantage les liens intimes d'affection réciproque qui sont aussi pour les deux peuples alliés le *gage de la paix* et d'un avenir propice (c'est-à-dire pacifique). »

Or, comme on ne connaît d'abord les hommes que par les paroles, *il faut les croire jusqu'à ce que les actions les détruisent;* on trouve même que les gens qu'on croit ennemis ne le sont point ; on est alors fort honteux de s'être trompé ; ainsi s'exprime Madame de Sévigné. Nous pensons de même, et nous ajoutons, que la plupart du temps les hommes ne se comprennent pas, ou mieux ne possèdent pas le don de la pénétration mutuelle de leurs sentiments, de leurs idées, ou de leurs intentions : ceux dont la mentalité se porte de préféfence, par *nature* ou par *habitude*, vers le mauvais, voient toutes les actions des hommes sous cette couleur. Les juges en général, par habitude, comme aussi les avocats, sont portés à voir des coupables partout. Les journalistes belliqueux par tempérament ou par parti pris sont portés, le plus naturellement du monde, à interpréter le moindre déplacement princier ou le plus petit évènement politique comme le prélude de la guerre...

On ne peut que se méfier du jugement de ces hommes, et rien n'autorise un esprit sain à admettre que le Kaiser parlant toujours de paix songe à la guerre.

L'empereur Guillaume, comme nous l'avons dit, est un original, c'est incontestable ; mais les originaux sont toujours des natures franches, d'une honnêteté de paroles et d'actions absolues ; ce sont aussi, quand on les examine de près, d'excellents cœurs.

L'originalité du Kaiser s'affirme en politique comme dans l'intimité ; ainsi à Berlin au palais il y a toujours deux voitures attelées, l'une pour la ville, l'autre pour les longs trajets. Il arrive en effet très souvent qu'après avoir fait atteler pour aller chez un ministre ou chez un ambassadeur, l'empereur, tout à coup, change d'idée et décide de partir pour Potsdam. Ce qui déconcerte le maréchal de la cour, comme la visite à Tanger a déconcerté l'Europe.

Si le Kaiser avait eu, en faisant le voyage méditerranéen, la moindre velléité de guerre, pourrait-on s'expliquer, que le 4 avril, en guise d'adieux, à ses invités, aux Baléares, il eût dit : « A l'année prochaine ».

Quant à l'entrevue de Bjoerkoe, *à minuit*, elle prouve une fois de plus l'originalité de Guillaume II et son *pacifisme*, puisqu'on a su après qu'il avait conseillé chaudement au Tsar de faire la paix. Pour écarter toute suspicion sur le but de ce voyage, le *Novoié Vrémia* attira l'attention de l'Europe sur les paroles que le Kaiser prononça lors de sa visite à Cronstad et à St-Pétersbourg, en 1897, c'est-à-dire qu'il se déclara prêt à soutenir de toutes ses forces l'empereur de Russie contre *quiconque oserait troubler la paix en Europe.*

Non, assurément, il faut être atteint de la « cécité volontaire » pour ne pas reconnaître en Guillaume II un prince pacifique. Et sait-on, qu'il n'y a pas bien longtemps, il écrivit une note marginale, de sa propre main, sur un rapport de presse dans lequel on le représentait, comme un Souverain guerrier, disposé à s'occuper des affaires intérieures des pays étrangers. Les termes de cette note marginale étaient ceux-ci : «Gelogen ! Gott bewahre mich etc.», c'est-à-dire : « C'est un mensonge ! Dieu me préserve de me mêler jamais des affaires intérieures des pays étrangers. »

Si malgré les preuves nombreuses que nous avons données en faveur de notre opinion, Guillaume II était néanmoins animé du coupable désir de guerroyer, si ses paroles étaient, contre l'impossible, d'effrontés mensonges — ce que, entre parenthèses, nous n'admettrons jamais — il faudrait en conclure naturellement que le Kaiser est privé de la clairvoyance politique la plus élémentaire : en effet, les prolétaires allemands ne veulent la guerre sous aucun prétexte; ils viennent de le déclarer au congrès socialiste d'Iéna, comme ils l'ont fait entendre au congrès des mineurs à Liège. Le socialisme est assez puissant en Allemagne pour contrebalancer éventuellement les menées belliqueuses d'où qu'elles pourraient venir. Déjà le prince de Büllow en interdisant la conférence Jaurès a démontré que le gouvernement allemand a peur du socialisme. Or, à propos de guerre,on n'ignore pas que, si celle-ci prenait les allures d'une guerre coloniale ou d'annexion,les socialistes la feraient dégénérer en une révolution intérieure, où sombreraient, inévitablement,le trône et le gouvernement. A l'époque où devait avoir lieu la conférence Jaurès le *Tageblatt* écrivit: «La mesure contre M. Jaurès, si elle se confirme,serait un *aveu de faiblesse vis-à vis des socialistes*. Nous nous rappelons que le gouvernement prussien, dans des circonstances analogues, a interdit au député socialiste autrichien Pernerstoffer de prendre la parole en Prusse et que M Penerstoffer fit son discours dans le grand duché de Bade. »

Ceci prouve que l'interdiction n'a pas été prise,comme le souligne le *Taegliche Rundchau* par animosité contre le gouvernement de la République.

Le kaiser sait, *nous le répétons*, que les socialistes réprouvent les guerres d'agression.Ceux-ci ne soutiendraient le gouvernement qu'en cas de guerre strictement défensive. Comme on ne peut nier à l'empereur d'être intelligent et bon politique, il n'aurait garde de se risquer stupidement à déclarer la guerre, ce serait dire : Je me moque des sentiments de mon peuple, comme de ma couronne...»

On ne peut se dissimuler que les peuples évoluent, comme nous l'avons déjà dit, vers un avenir plus humain. (même le Mikado a fait preuve de sentiments de concessions humanitaires, très louables, en concluant la paix sur les bases que l'on sait). Les peuples viennent à comprendre qu'ils ont été toujours les victimes des conquérants : ils en ont assez de ce précepte de despotes et d'exploiteurs de la naïveté humaine qui leur disent de « *souffrir sans se plaindre*. » Si les peuples souffrent d'une situation sociale défectueuse il est logique, humain, *absolument humain*, qu'ils protestent, qu'ils élèvent la voix avec la dignité du calme que donne le bon droit. Pourquoi leur existence devrait-elle être un éternel martyre, une perpétuelle exploitation au profit de quelques uns? Pourquoi?.. en vertu de quelles raisons et de quels droits?.. La guerre les fait souffrir ; elle les ruine ; elle est un fléau pour eux, et ils n'auraient pas le droit, nous disons l'impérieux devoir, de dire à leurs bourreaux : « Si vous trouvez profit dans vos chancelleries à nous faire casser les os, faites donc avant tout casser les vôtres, nous verrons après »

Mais revenons au Kaiser. Ajoutons aux considérations qui précèdent qu'il ne se laissera jamais entraîner sottement à faire la guerre à la France. Il sait trop bien que ce noble et beau pays à toutes les sympathies du monde, parce qu'il est éclairé, à la tête de la civilisation, et surtout pacifique, depuis qu'il est sous le régime républicain qui lui sied à ravir. Il sait encore que ses alliances défensives sont des plus sûres ; que son armée est *nationale*, — ce qui en décuplerait la valeur, en cas d'agression. Nous nous flattons de connaître le peuple français comme ayant vécu plusieurs années en France : nous le savons patriote et courageux. Nous avons à loisir apprécié son noble caractère, toujours enjoué, toujours affable

Il est généreux de sentiments et courtois de manières; c'est, en un mot, un peuple aussi charmant que pacifique. Il aime son pays de tout cœur : aussi malheur à ceux qui s'aviseraient de fouler son sol pour l'asservir ! Il est hospitalier pour tout le monde, c'est pourquoi tous les étrangers aiment ce beau et noble pays !

Et nous Belges, nous ne pouvons assez le dire, nous lui devons une éternelle reconnaissance; il a fait de la Belgique, sa petite sœur, une nation honorée, indépendante et libre ! France, pays glorieux!, que servirent nos aïeuls, nous vous saluons!...

Cette attirante sympathie que la France exerce sur tous les peuples s'est communiquée aux souverains. Guillaume II brûle du désir secret de s'en rapprocher. Il voudrait, le Kaiser, venir, comme tous les monarques l'ont fait, saluer la France et lui dire : « Grande sœur, oublions le passé; rien n'est éternel, notre haine ne peut l'être, non plus. Mon peuple depuis longtemps a oublié Napoléon le Grand, ce terrible vainqueur de toutes les nations ! Sœur, oubliez à votre tour...Sœur, oubliez!... Sœur, la France et l'Allemagne unies seront la citadelle de la civilisation! Sœur, votre grand Hugo, une de vos gloires les plus pures, a dit:«L'union de l'Allemagne et de la France serait le salut de l'Europe, la paix du monde . .

Eh bien oui! pourquoi faut-il que cette union ne se fasse? Puisque tous les chefs d'État et souverains sont pacifiques qu'ils s'entendent, — sans tarder - -pour former la *fédération des peuples unis.* L'union désirée (France et Allemagne) en sera la conséquence. Que le Kaiser en prenne l'initiative; il en retirera la gloire et la reconnaissance du monde civilisé. Cette gloire sera pure ; elle sera grande, noble, sans tache ; elle lui donnera, et le repos de la conscience, et le repos du cœur, et le plaisir de penser. . laissons la parole au poète:

« Quel plaisir de penser et de dire en Vous même :
« Partout, en ce moment, on me bénit, on m'aime ;
« On ne voit point le peuple à mon nom s'alarmer,
« Le ciel dans tous leurs pleurs ne m'entend point nommer!»

Ah! si nous étions Guillaume II... ou Puissant de la terre!... nous écarterions avec soin de nos gouvernements les hommes sataniques qui provoquent les peuples à se massacrer! Nous userions de nos pouvoirs pour éloigner des conseils de la couronne les personnages dont la mentalité fielleuse et chauvine constitue un danger pour la paix du monde...Mais si nous savons que les monarques sont souvent impuissants par eux-mêmes à réaliser le bonheur des peuples, en leur assurant un gouvernement éclairé et pacifique, si nous savons, encore, que leur couronne est parfois une couronne d'épines, nous n'ignorons pas, cependant, qu'un Souverain peut beaucoup, s'il est éclairé, humain et pacifique: et nous croyons enfin, quant à la guerre, qu'il n'est aucun gouvernement qui oserait l'entreprendre contre la *volonté formelle de son Souverain.* Nous dirons donc avec Fénélon : Heureux le peuple qui est conduit par un sage roi !

Oscar de Suède en voilà un ! Il a consenti au divorce pacifique de la Norvège. Il a montré au monde ce que peut le pacifisme entre les mains d'un monarque qui veut à tout prix éviter les massacres. Il faut savoir se sacrifier pour son peuple si on l'aime. Ce souverain pacifique se confie en de touchantes paroles à son peuple, lisez : « Je me vois obligé de suivre les conseils de mon médecin et de me rendre dans une station balnéaire pour me reposer et vivre en plein air quelque temps. J'espère, avec l'aide de Dieu, rétablir ma santé et mes forces après la période que je viens de traverser, période rendue si exigeante pour le corps et l'esprit à la fois, par les soucis qui m'ont assiégé au cours de ces derniers mois. En conséquence, j'ai chargé du gouvernement, pendant ce temps, mon fils le prince héritier. Avant de quitter la capitale, je tiens à exprimer de nouveau la *reconnaissance que j'ai déjà témoignée à mon peuple Suédois*. Je ne saurais assez lui dire combien m'ont profondément touché les nombreuses preuves d'attachement et de sympathie que j'ai reçues de différents côtés. Elles ont contribué à me *consoler des chagrins causés par suite du détachement d'un peuple que j'avais souhaité de tout cœur réuni à mon peuple Suédois par les liens d'un fraternel amour.* »

Ce souverain est inaccessible à l'orgueil et à l'ambition. Il ne recherche que le bonheur de son peuple, en lui conservant la paix. C'est ainsi que tous les monarques devraient être. Ce roi s'est acquis la gloire pacifique; c'est la plus grande, la plus sublime, car celle que donne la guerre, celle que l'on acquiert en s'élevant sur des cadavres, n'est qu'une auréole de boue et de sang !

La France, ceinte de son auréole pacifique, est plus glorieuse, actuellement, qu'elle ne l'a jamais été a aucune époque de sa brillante histoire. Elle resplendit sur le monde ! Son admirable devise : *Liberté, Egalité, Fraternité*, s'est accrue de deux mots : *Force* et *Paix*. Ils commandent le respect et l'admiration !...

Une nation du reste ne saurait être grande et honorée que dans la paix. Le commerce et l'industrie prospèrent, les arts fleurissent, les sciences se développent, les dettes s'amortissent, tout enfin prend de l'expansion et respire le bien-être qu'apporte la quiétude dans le travail. La conscience universelle l'a compris. Et si ce n'était le journalisme belliqueux qui excite les peuples, soit à faire des émeutes, soit à entreprendre la guerre, on verrait la paix régner sur le monde. Nous n'assisterions pas à cet écœurant spectacle des émeutes de Tokio, fomentées par un journalisme financier qui considère le butin comme insuffisant. Heureusement ce genre de journalisme est une exception. Beaucoup d'organes se font un devoir de prêcher la bonne parole. Ainsi à la date du 1er août on pouvait lire ce réconfortant article dans le *Matin* d'Anvers : « Pourquoi faut-il que l'on parle de forteresses, de coupoles blindées, de batteries cuirassées, de redoutes et de tous ces engins de défiance et de mort, *quand les peuples sont si disposés à s'entendre?* Nous n'avons pu nous empêcher d'en faire l'observation à quelques-uns de nos amis allemands avec lesquels nous causions avant-hier (29 Juillet) sur cette terrasse où régnait tant d'enthousiasme. Mieux que par des forteresses peut-être, un pays est protégé par son hospitalité, par l'accueil sympathique qu'il réserve aux étrangers, par l'estime qu'il inspire au monde, et c'était avec joie, avec orgueil même, pourquoi ne pas l'avouer ? — que nous constations que dans des conjonctures critiques, si par malheur notre pacifique pays devait être entraîné dans des complications internationales, notre colonie allemande serait peut-être pour Anvers, une sauvegarde plus efficace que cent millions de fortifications ..

... Si la France est entrée dans une ère franchement pacifique après avoir longtemps inquiété le monde par sa passion des armes et ses visées de conquêtes, il ne nous parait pas non plus que nous ayons quelque chose à craindre de l'Allemagne, dont le chef est cet empereur au caractère chevaleresque, qui a tenu à envoyer à Anvers un de ses plus beaux cuirassés pour s'associer à nos fêtes jubilaires et nous donner une marque de son amitié à la fois chaleureuse et puissante. Aussi est-ce bien le moins, en présence de semblables démonstrations, soulignées encore par le toast du comte de Walwitz, l'éminent ministre de l'empire alllemand à Bruxelles, qui parla de la Belgique et du Congo en termes sensationnels que nous témoignons à notre tour notre confiance dans l'Allemagne. »

Nous sommes de cet avis. Les peuples ne peuvent se témoigner à tout propos de la défiance. Ayons confiance dans la sagesse des gouvernements et dans leur bon vouloir à maintenir désormais la paix. Il est vraiment temps que les peuples s'apprécient, s'estiment, s'aiment, car leur *avenir économique* est bien sombre. Il est nécessaire qu'ils s'unissent pour combattre l'horrible misère qui étreint les peuples, un peu partout. Pensons à ce quatrain, inscrit, dit l'illustre Frédéric Passy, il y a trente ans, à la porte d'une exposition agricole organisée par une ville pacifique suisse :

Pourquoi, sur cette terre,
Chercher partout des ennemis ?
Il n'en est qu'un ; c'est la misère.
Pour la vaincre soyons unis !

Oui, c'est bien ainsi, et le voyage de Tanger n'avait d'autre but que d'ouvrir des débouchés à l'industrie et au commerce allemand. C'était en réalité un voyage de misère ou plutôt *contre la misère*. Le Kaiser, pacifiste et pacifique, n'avait d'autres vues, en bon économiste, qu'il est, que de chercher à résoudre le problème inquiétant de la surproduction allemande. L'Allemagne est une nation très industrielle, très commerçante, très...prolifique, le tout à la fois. Cet accroissement de population la menace du *paupérisme*. Le Kaiser, en présence de cette situation, se demande, comme un bon père, que vont devenir mes enfants, si toutes les portes leur sont fermées?..

Que faire ?... Il s'agite, va, vient, court, cherche... ne trouve rien. — Si, Tanger ! — On y va. — La porte est ouverte, quel bonheur ! — Merci mes bons Français, merci !

Et voilà comment la France a encore une fois prouvé qu'elle est généreuse, compatissante.. et le Kaiser qu'il est économiste et bon père pour son peuple.

Les choses ainsi établies, on ne saurait voir en Guillaume II un provocateur et l'on ne peut le blâmer. Enfin tout est bien qui finit pacifiquement: bientôt la conférence réglera tout, suivant les règles du droit et de la justice. Espérons en attendant que nul ne mette les p..., car n'est pas diplomate qui veut Monsieur de Tattenbach !

La question à résoudre nous paraît du reste très simple.

La priorité des droits revient à la France. Elle dispose du droit d'ancienneté et de voisinage. Le voisin est peu civilisé, peu commode : le pillage, le vol à main armée, sont ses moindres défauts. Il a besoin d'un voisin énergique pour se faire aux us et coutumes des peuples civilisés. Qui peut se charger au profit de tous de son éducation politique ? Evidemment la France, sa voisine coloniale, qu'il trouble dans sa quiétude et dont il lèse les intérêts : laissons donc à la France, en toute justice et équité, le soin de l'éduquer, de le policer ; accordons-lui le protectorat à la seule condition que le commerce des peuples soit libre au Maroc, c'est-à-dire sur le même pied d'égalité douanière. Cette solution nous paraît juste, et nous croyons que la chancellerie Allemande ne réclame rien de plus.Elle aura, espérons-le, le tact de comprendre que la France a des droits de frontières et de contrôle indiscutables.

Par le pacifisme et la bonne foi toutes les questions internationales peuvent s'arranger et concilier les intérêts réciproques; le pacifisme n'est donc pas une utopie,comme l'écrit M. Brunetière.

Prétendre, que la guerre est une « loi du monde »,qu'elle est une chose nécessaire, un outil indispensable à la solution des questions internationales, est une grave erreur : maintenir la guerre, sous quelque prétexte que ce soit,c'est un crime.Le procédé par la guerre ne peut jamais donner une solution définitive ou durable; ce moyen est contraire à la raison,au droit, à la justice; il ne repose sur aucune base sérieuse, ni honnête. Aussi qu'arrive-t-il? la partie battue cherche tôt ou tard la revanche; c'est donc éternellement à recommencer. L'histoire nous présente des exemples de guerres interminables. C'est par conséquent une infernale utopie de dire que la guerre donne une solution *réelle* aux questions internationales : elle donne une solution provisoire, *si l'on est vainqueur*. Prendre et reprendre, c'est l'ouvrage absurde de la guerre...

Et si, en 1870, les gouvernants Allemands et Français avaient été assez sages pour ne pas user des moyens à la Brunetière pour résoudre une question à laquelle les prolétaires ne s'intéressaient même pas,si les gouvernants de cette époque avaient eu recours à un tribunal arbitral, n'auraient-ils pas évité bien des calamités ? La France a perdu deux provinces,des milliers de sesenfants,elle a payé cinq milliards, et l'Allemagne a gagné d'être écrasée par les impôts militaires au profit du paupérisme. Avec le pacifisme tout se fut arrangé aussi facilement qu'à Hull, à Tanger, etc , sans épancher une goutte de sang.

Les arrangements pacifiques sont toujours possibles si les gouvernements sont composés de pacifistes, c'est-à-dire d'hommes de bonne volonté et conciliants. M. Brunetière n'est pas de cet avis : il dit carrément aux pacifistes qu'ils mentent. Il leur pose diverses questions dans le but de prouver leur impuissance à triompher des guerres.

« La première, c'est celle du « péril jaune ».

Je demande, dit-il, aux pacifistes s'ils pensent résoudre la question du «péril jaune» par des congrès de la paix et des traités d'arbitrage.»

Il est regrettable que l'éminent académicien s'en tienne à ces deux « périls », car les pacifistes pourraient aussi lui demander comment il entend résoudre le « péril socialiste » qui menace les « conservateurs ». Celui-là a du moins le mérite d'être réel; quant à l'autre, il n'existe, que dans les cervelles des politiciens inquiets. Ce que l'on peut affirmer c'est que le « péril blanc » existe depuis longtemps pour les jaunes, comme pour les noirs. Pour ces derniers il s'est traduit jadis sous la forme ignoble de la traite des nègres.

Si M. Brunetière avait été nègre, et vécu à cette époque, il aurait pu poser la question de cette façon : « Comment les nègres entendent-ils résoudre la question du « péril blanc ?»

Nous croyons que les nègres auraient répondu par un haussement d'épaules bien significatif. . Nous pacifistes, nous lui répondrons autrement.

Le péril jaune,s'il survient un jour, sera un péril économique comme celui que les blancs ressentent *déjà* par suite de la concurrence qu'ils se font entre eux. Il sera peut-être un peu plus grave en ce sens que la main-d'œuvre, en ces pays jaunes,est à vil prix. Peut-être aussi, les jaunes tenteront-ils d'imiter les conservateurs en disant: « La Chine aux Chinois, comme Drumont dit : la France aux Français. Dans ce cas les blancs pourraient être expropriés de leurs coloniesasiatiques. Voilà les deux éventualités «jaunes» qui peuvent se présenter, d'ici *vingt à trente ans* peut-être. Eh bien M. Brunetière,les pacifistes peuvent,avec l'appui des gouvernements «blancs», rendre ces deux hypothèses jaunes irréalisables. Voici comment : supposons que les gouvernements, tous animés de la bonne volonté d'en *finir une bonne fois avec la guerre, se constituent en fédération, qu'ils décrètent l'arbitrage obligatoire* d'une part, et d'autre part, qu'ils organisent une *chambre fédérale*, chargée d'étudier et de résoudre, sans appel, tous les problèmes internationaux. Cette chambre étant organisée, elle décréterait que les « effectifs armés ne peuvent dépasser, quelle que soit la population, les maxima des effectifs français, par exemple. Si l'une d'elle agissait autrement, c'est-à-dire si elle méconnaissait la volonté des puissances, celles-ci seraient en droit d'agir d'un commun accord, en la séparant du reste du monde par un blocus commercial. Ce serait la sanction toujours admise dans le cas d'un refus d'exécution d'un décret de la *chambre fédérale.*

Comme le comprendra M. Brunetière, c'est le seul moyen pratique d'éviter le « *péril des masses armées* ». Le pacifisme peut donc résoudre la question du « péril jaune *militaire* » mieux que ne le pourrait faire les armements à outrance des peuples blancs. En effet, si les peuples blancs ne prennent pas la voie que nous indiquons, il arrivera d'ici trente ans que les Chinois avec leur *quatre cent millions* d'habitants, pourront se trouver à la tête d'une armée plus considérable que toutes les armées d'Europe réunies.

Mais il pourrait exister un autre péril jaune dans l'éventualité qu'il soit un jour : le péril jaune économique dont nous avons parlé plus haut. Le pacifisme encore peut résoudre le problème : la *chambre fédérale*, — *rouage indispensable* — étudiera pour chaque nation quel doit être le *tarif douanier* applicable à l'importation, afin qu'aucun peuple ne puisse être atteint par la concurrence étrangère. Les droits de douanes seront établis, pour chacun d'eux, de façon à surélever le prix du produit concurrent au taux de vente du même produit fourni par la main-d'œuvre indigène.

Ainsi par exemple, un produit « jaune » revenant en Chine au prix d'un franc, alors que le même produit blanc revient à 2 francs, sera, par décision de la *chambre fédérale*, susceptible d'un droit d'entrée de 1 franc, ce qui portera son prix de vente, dans le pays d'importation, au même prix que le produit similaire fournit par l'industrie nationale, soit à 2 francs. Comme compensation, les produits sans concurrence possible jouiront de la *libre entrée*. En conséquence, le thé, par exemple, etc., serait exempt de droits en Allemagne, en France, en Belgique, etc : le vin français et allemand jouiraient de la libre entrée en Belgique et ainsi de suite, pour tous les pays.

Nous ne pouvons entrer dans tous les détails du pacifisme pratique, comme nous le concevons, dans le cadre étroit de cette brochure; ces exemples seront suffisants pour s'en faire une idée.

Avec l'organisation *fédérative des Etats et la chambre fédérale*, les Etats conservent leurs forces militaires, *égalisées simplement*, ou bien portées à un chiffre minimum strictement nécessaire au maintien de l'ordre intérieur et à l'exécution des décisions de la *chambre fédérale*

Ce n'est par conséquent pas, comme l'écrit M. Brunetière, le désarmement absolu que préconise le pacifisme, mais la limitation des armements. L'Angleterre, dont M. Brunetière parle, pourrait conserver sa flotte qui fait « sa grandeur économique » selon lui. C'est là cependant une erreur de croire que la grandeur économique d'un peuple est subordonnée à sa puissance militaire:à ce compte la Belgique n'aurait aucune grandeur économique. C'est cependant le contraire qui est vrai. L'Allemagne de 1870 n'a obtenu aucune supériorité économique sur la France. Elle se ressent plus que jamais, économiquement parlant, de l'inconvénient de devoir entretenir des forces militaires considérables. Les milliards qu'absorbe l'ogre militariste pèsent lourdement sur le commerce et l'industrie. Ne seraient-ils pas mieux employés, au point de vue économique, à créer des chemins de fer, des canaux, des ports de mer, etc.? Qu'en pense M. Brunetière? N'est-ce pas parce que les petits Etats sont presque exempts des charges militaires qu'ils peuvent lutter contre les grands ? Le militarisme à outrance est un obstacle à la grandeur économique d'un peuple. Il le conduit rapidement au paupérisme, par la raison que la partie de la population sous les armes est une charge, un poids mort, pour la partie active et travailleuse qui doit la nourrir, la loger, l'équiper, etc, sans que cette partie puisse rendre *en quoi que ce soit, économiquement parlant*, le moindre service en faveur de la prospérité économique.

Ce que nous avançons n'est pas un «mensonge», M. Brunetière. Et quand la saine raison viendra aux détracteurs du pacifisme, ils comprendront que c'est par lui que les peuples seront un jour sauvés de la «banqueroute», pas de la banqueroute de la Science, ne confondez pas! Le pacifisme bien compris et bien appliqué, donne aux peuples, la vie, le pain, l'aisance par le travail, dans le calme de la paix; le « bellicosisme » leur promet la mort, la famine, les maladies, la misère et la ruine. Le premier s'inspire du Christ : Tu ne tueras point! le second s'inspire de Satan : Tue, sème la haine et la guerre, pille, vole, massacre...

Faites appel à votre *raison*, à votre cœur, à votre conscience et choisissez, M. Brunetière!...

Un mot encore. M. Brunetière ne s'en tient pas uniquement au «péril jaune» ni à la prépondérance économique qu'assurent les forces navales, il dit encore : «La question d'Alsace-Lorraine ou, plus généralement la question des rapports de l'Allemagne et de la France, nos pacifistes en auraient-ils une solution pacifique et toute prête? Qu'ils la proposent donc! et la France, assurément, ne leur sera pas moins reconnaissante que l'Allemagne, ni l'Allemagne que la France »

Oui, Monsieur, les pacifistes ont réponse à tout. D'abord, nous dirons, que la question d'Alsace-Lorraine est quasiment résolue par suite du temps écoulé depuis l'annexion : une génération nouvelle a vu le jour. Cette génération vient de faire entendre sa voix : « le Landesausschus, c'est-à-dire l'assemblée d'Alsace-Lorraine, la représentation élue des deux ex-provinces françaises, vient à l'unanimité d'émettre le vœu que ce territoire devint une principauté indépendante sous la simple suzeraineté de l'Empire allemand— en d'autres termes l'Alsace a réclamé son *incorporation à la confédération* germanique actuelle ».

Voilà ce qu'écrivent MM. Paul et Victor Margueritte dans la Revue de la Paix de janvier 1905.

Mais supposons que ce vœu n'ait pas été exprimé et voyons comment le pacifisme peut résoudre la question.

Les Alsaciens-Lorrains ayant conservé (supposition) le désir de redevenir français, ils en saisissent la *chambre fédérale* dont nous avons parlé. Celle-ci, comme *pouvoir souverain* reconnu par tous les Etats, examine le pour et le contre de la requête. Elle entend les délégués Allemands et les délégués Français. Les Allemands, disent non, les Français, oui ; la chambre fédérale vote, ou bien accepte le référendum ou plébiscite, comme cela c'est fait en Norwège. Le plébiscite décide : s'il est favorable au retour à la France, la chambre fédérale établit le chiffre de l'indemnité à payer pour la reprise des ouvrages d'art, des chemins de fer, etc., etc. Si la chambre décide, sur la demande du délégué allemand, qu'il y a lieu d'accorder des avantages douaniers ou commerciaux en échange, ceux-ci sont discutés et établis par ses soins.

Il en résulterait dans ce cas un mariage de raison ou autrement dit une union d'intérêts, industriels et commerciaux, comme compensation.

On pourrait résoudre de la même manière les questions de ces « territoires » qui manquent à l'unité de certaines nations quand on regarde du côté de Trieste et du Trentin.

Bref, les pacifistes n'ont besoin *que de la bonne volonté des gouvernements pour grouper les peuples en fédération et leur donner une chambre fédérale.*

Comme conclusion de cet écrit en « langue belge » nous demandons à Monsieur Brunetière, ce brillant écrivain, de faire comme Clovis : qu'il défende dorénavant avec son incontestable talent, la noble et sainte cause pacifiste; qu'il renie la guerre : Adorez ce que vous avez brûlez et brûlez ce que vous avez adoré, Monsieur Brunetière !...

Les chefs des Etats sont pacifistes et pacifiques. Monsieur Brunetière ne pourrait-il suivre leur exemple ?

Le pacifisme triomphe à Hull, Tanger, Portsmouth, etc, n'est-ce point assez ? Faut-il ajouter la conférence interparlementaire, les discours pacifiques des ministres, et tant d'autres manifestations significatives ? Que vous faut-il encore, Monsieur Brunetière ?

— Tanger... le Kaiser ? — Un empereur pacifique et pacifiste, nous l'avons démontré; il ne nous fera jamais de mal, n'en ayez pas peur, Monsieur Brunetière.

— Et le « péril jaune »? — Et l'Alsace ? — Et...

— Et les solutions qu'on vous donne, n'en voulez-vous pas ? Du sang, des cadavres, des ruines, la famine, les maladies... c'est donc à vos yeux dans ces horreurs que se trouvent les solutions des problèmes internationaux ?

— Non, monsieur, vous ne le croyez pas sincèrement .. Vous êtes atteint de la « cécité volontaire » et, dans ce cas, nous n'avons plus qu'à vous dire : si le Pacifisme ne triomphe déjà, il triomphera bientôt définitivement malgré vous !

GASTON DE ROY.

Tournai (Belgique), Septembre 1905.

www.ingramcontent.com/pod-product-compliance
Ingram Content Group UK Ltd.
Pitfield, Milton Keynes, MK11 3LW, UK
UKHW020235180726
13838UKWH00005B/2391